Die weltgeschichtliche Bedeutung des deutschen Geistes

AF529433

Rudolf Eucken

Alpha Editions

This edition published in 2022

ISBN : 9789356704015

Design and Setting By
Alpha Editions
www.alphaedis.com
Email - info@alphaedis.com

As per information held with us this book is in Public Domain.
This book is a reproduction of an important historical work. Alpha Editions uses the best technology to reproduce historical work in the same manner it was first published to preserve its original nature. Any marks or number seen are left intentionally to preserve its true form.

Die weltgeschichtliche Bedeutung des deutschen Geistes

By Rudolf Eucken

Die weltgeschichtliche Bedeutung des deutschen Geistes

Wir alle wissen, daß wir uns heute in einem Riesenkampf um unsere Existenz befinden, und wir wissen auch, daß dabei sehr unwürdige Mittel seitens unserer Feinde angewandt werden. Eins dieser unwürdigen Mittel ist die Herabsetzung des deutschen Wesens, die Verleumdung, wir wären ein reaktionäres Volk, wir wären Gegner der Freiheit und Knechte eines drückenden Militarismus, der die ganze Welt unterwerfen wolle. So scheint es, als könne Deutschland und deutsches Wesen ohne Schaden für die Menschheit ausgerottet werden. Gegenüber solcher Anfeindung müssen wir uns auf uns selbst besinnen, es gilt klarzumachen, daß wir mehr sind, als jene meinen, daß wir eine weltgeschichtliche Bedeutung haben, die uns aller Neid und Haß der Feinde nicht rauben kann.

Um diese weltgeschichtliche Bedeutung der deutschen Art zu ermitteln, müssen wir zunächst überhaupt ihre Eigentümlichkeit untersuchen; diese Eigentümlichkeit ist aber nicht ganz einfach und leicht zu fassen. Denken wir nur an das 19. Jahrhundert und seinen Verlauf. Wie hat sich scheinbar das Wesen der Deutschen in ihm verändert! Ja, es mag auf den ersten Anblick scheinen, als enthielte unser Wesen einen Widerspruch, einen Widerspruch, dessen Schroffheit alle wahrhaftige Größe hindern müßte.

Zu Anfang des 19. Jahrhunderts hießen wir das Volk der Dichter und Denker, damals hat man uns wohl die Inder Europas genannt. Heute sind wir das Volk der Techniker,[6] des welterobernden Handels, der großartigen Industrie, heute hat man uns wohl die Amerikaner Europas genannt. Inder und Amerikaner, das sind gewaltige Gegensätze. – In der Tat waren wir zu Anfang des 19. Jahrhunderts ein Volk, das in Literatur und Philosophie den Kern der geistigen Arbeit fand. Wir flüchteten uns damals aus der sichtbaren Welt in ein unsichtbares Reich des Gedankens und der Phantasie, diese unsichtbare Welt wurde uns zur vertrauten Heimat.

Aber daß das so kam, das hatte besondere Gründe. Der Dreißigjährige Krieg hatte uns bis aufs äußerste erschöpft, es dauerte lange, bis wir wieder in einen frischen und kräftigen Aufstieg kamen. Dieser Aufstieg erfolgte im 18. Jahrhundert, und zwar seit den dreißiger und vierziger

Jahren; nun fand aber die erwachende Kraft keinen Staat und auch kein wirtschaftliches Leben, das Seele und Arbeit gewinnen konnte. Deutschland war überaus zersplittert, seine Verhältnisse waren nicht eigentlich schlecht, aber kleinlich und dürftig, sie gewährten keinen Boden für eine nationale und politische Tätigkeit. So wandte sich das deutsche Streben zum Reich der Wissenschaft und der Kunst, so schuf man sich jene unsichtbare Welt, in der man das innerste Wesen des Menschen zu erfassen und zu gestalten suchte, alle Seelenkräfte sollten hier belebt und zu voller Harmonie verbunden werden. Man fand in der eigenen Bildung sowie im Verhältnis von Mensch zu Mensch, in Liebe und Freundschaft ein edles, feines, zartes Leben, demgegenüber die sichtbare Welt als eine niedere Stufe erschien. So konnte ein Friedrich Schlegel sagen:

> „Nicht in die politische Welt verschleudere du Glauben und Liebe, aber in der göttlichen Welt der Wissenschaft und der Kunst opfere dein Innerstes in den heiligen Feuerstrom ewiger Bildung";

[7]

ein Schiller aber mahnen:

> „Werft die Angst des Irdischen von euch,
> Flüchtet aus dem engen, dumpfen Leben
> In des Ideales Reich";

das Reich der Ideale war die unentbehrliche Zuflucht hochstrebender, edler Seelen. Bei Würdigung dessen muß uns immer die besondere Lage gegenwärtig sein, welche dem deutschen Geist keine andere Betätigung großen Stiles erlaubte.

Nun kam die Wandlung im 19. Jahrhundert, zunächst hervorgerufen durch den jähen Zusammenbruch des preußischen Staates bei Jena, durch die daraus erwachsende Erfahrung, daß aller Glanz von Kunst und Wissenschaft ein Volk nicht bewahrt vor nationaler Erniedrigung, vor schmählicher Abhängigkeit von Fremden; die Bewegung, die damals entsprang, ist trotz aller Hemmungen unablässig vorgedrungen. Wir haben uns der sichtbaren Welt zugewandt, und wir haben in dieser Welt Gewaltiges geleistet. Namentlich die dreißiger Jahre brachten die neue Denkweise ins Übergewicht. Die alten Helden sterben, ein Hegel, ein Goethe, ein Schleiermacher, vorher schon Pestalozzi; dafür steigen neue auf. Liebig gründet 1826 das erste moderne chemische Laboratorium, in Berlin hält Alexander von Humboldt 1827/28 in der Universität und in der Singakademie die Vorlesungen über physische Weltbeschreibung, welche die Naturwissenschaften als allgemein-bildende Macht zur Geltung bringen. Dann kamen die technischen Fortschritte, vor allem die Eisenbahnen, und für das wirtschaftliche Leben war es von höchster Bedeutung, daß am 1. Januar 1834 der deutsche Zoll- und Handelsverein ins Leben trat. Ein neues Deutschland erhob sich, und wir wissen, was dieses neue Deutschland geleistet hat.

[8]

Nun aber kommen die Gegner. Seht, sagen sie, der Deutsche ist sich selber untreu geworden, warum blieb er nicht beim Dichten und Denken? Ja, unsere Anspruchslosigkeit in der sichtbaren Welt war recht bequem für die anderen. Jean Paul hat einmal in bitterem Ernst gesagt: Nachdem die Engländer das Meer und die Franzosen das Land genommen haben, was bleibt uns Deutschen anderes als die Luft? Daß später ein Zeppelin kommen und die Deutschen in Wirklichkeit zu Herren der Luft machen werde, das konnte man damals nicht wissen. So konnte auch Schiller in dem bekannten Gedicht zum Antritt des neuen Jahrhunderts nach Schilderung der Herrschgier des Franzosen und des Briten uns nur die Flucht in die heilig-stillen Räume des Herzens empfehlen. Das kam den anderen Völkern recht gelegen, von allen Seiten ernteten wir Lob. Noch im Jahre 1837 hat Bulwer, der bekannte englische Romanschriftsteller, einen großen Roman „Maltravers" dem großen deutschen Volke gewidmet, dem „Volk der Denker und Kritiker". Heute stellen wir uns den fremden Völkern anders dar.

Aber sind wir von uns selber abgefallen, wenn wir uns der sichtbaren Welt zuwandten, wenn wir zu Lande und zu Wasser eine Macht entfalten, wenn wir in der Industrie, in der Technik die Führung übernehmen? Haben wir damit unser wahres, innerstes Wesen verleugnet? Nein und abermals nein. Wir sind nicht von uns selber abgefallen, sondern wir haben einen wesentlichen Zug unserer eigenen Natur, der von jeher da war, wieder neu belebt und ihn dabei zu einer Höhe gebracht wie nie zuvor. Denn wir sind keineswegs ein Volk bloßer Dichter und Denker, was doch leicht heißt: der Träumer und Schwärmer, wir sind in die Geschichte eingetreten als ein waffenfähiges, kriegerisches Volk, wir haben das große Römerreich[9] zerstört, und wir haben es nicht bloß zerstört, wir haben auf seinen Trümmern neue Reiche aufgerichtet, wir haben ein römisch-deutsches Kaiserreich geschaffen. Schon damit haben wir gezeigt, daß wir in der sichtbaren Welt ganz wohl etwas leisten können.

Wir waren dabei nicht bloß tapfere Krieger, wir waren groß auch in den Werken des Friedens. Denken wir an die deutschen Städte, die Städte des Mittelalters, denken wir an den deutschen Landbau, dessen treuer Fleiß und zähe Tüchtigkeit von der ganzen Welt anerkannt wird. Wir haben unsere Arbeit in alle einzelnen Gebiete hinein erstreckt, wir haben uns dabei überall in die besondere Natur des Gegenstandes eingelebt. Denken wir nur an das Forstwesen – wenn die Engländer oder die Amerikaner ihre Forsten in die Höhe bringen wollen, so rufen sie Deutsche herbei –, oder an das Bergwesen; hier wie dort ist die sorgsame Durchbildung des Gebietes ein Werk der deutschen Art.

Wir hatten Freude an dieser Arbeit, an dem Ringen mit Widerständen, und wir verfolgten dabei nicht bloß betretene Wege, wir vermochten auch neue zu schaffen. Wir waren das Volk der Erfinder. Wir erfanden die Buchdruckerkunst – jedenfalls für Europa –, wir standen frühe voran im modernen Geschützwesen, das jetzt mit seiner großartigen Ausbildung ein Grund nationaler Hoffnung wird. Zu Beginn der Neuzeit konnte es heißen:

„Nürnberger Witz,
Ulmer Geschütz,
Augsburger Geld
Regiert die Welt."

Auf uns kommt auch die Erfindung des modernen Spinnrades, der Taschenuhr usw. Noch im Anfang des 17. Jahrhunderts[10] rühmte der Franzose Bayle, der große Kritiker, uns Deutsche wegen unserer zahlreichen Erfindungen; erst im 18. Jahrhundert ist die Führung hier auf die Engländer übergegangen. Ferner fehlte es uns nicht am Vermögen der Organisation. Denken wir nur an den Deutschen Ritterorden, an jenes Land, das er der deutschen Kultur gewann, und das heute für die deutsche Sache so schwer gelitten hat! Denken wir auch an die Hanse und ihre Beherrschung der Meere! „Der Adler von Lübeck", so hieß das größte Kriegsschiff des 16. Jahrhunderts. So waren wir lange Zeit hindurch stark und erfolgreich in der sichtbaren Welt. Wenn wir uns daher jetzt nach dieser Richtung neu entfalten, so ist das nur eine Wiederaufnahme alter Art, wir haben uns zu uns selbst zurückgefunden, sind nicht von uns abgefallen.

Nun werden vielleicht die anderen wiederum einwenden: Nun wohl, dann war jene Goethe-Zeit, jene Zeit der Dichter und Denker, eine bloße Episode, ein Heraustreten des Deutschen aus seiner natürlichen Bahn; dem aber widersprechen wir auf das entschiedenste. Das eben ist das Große des deutschen Wesens, daß, indem wir kräftig in die Welt eingriffen, wir uns zugleich als ein Volk des Seelenlebens, ein Volk tiefer Innerlichkeit erwiesen. Im Mittelalter zeigt sich das vornehmlich in der Religion, namentlich in der noch immer nicht voll gewürdigten deutschen Mystik. Sie hat seit dem Ende des 13. Jahrhunderts das Streben, die Religion dem Seelenleben jedes einzelnen nahezubringen, zu einer wunderbaren Innerlichkeit und auch zu einer kindlichen Einfalt der Sprache entwickelt. Die Mystiker der anderen Völker haben überwiegend in lateinischer Sprache geschrieben, unsere dagegen deutsch, weil sie das, was sie wollten, den Seelen aller Volksgenossen nahebringen wollten.

[11]

Meister Eckhart, der Führer der deutschen Mystik (†1327), war ein großer Gelehrter, er wurde vom Papste selbst zum Doktor ernannt, er hätte in Paris eine glänzende Lehrtätigkeit finden können, aber er kam nach Deutschland zurück, um hier zu wirken und zu fördern. An den verschiedensten Orten hat er gepredigt, stets aus tiefster Seele heraus. Er sagt einmal am Schluß einer Predigt – seine Predigten sind oft mehr philosophische Betrachtungen –: „Wer diese Predigt verstanden hat, dem gönne ich es wohl; wenn sie aber auch niemand verstanden hätte, dann würde ich sie dem Opferstock gehalten haben.“ Es ist eine innere Notwendigkeit, die aus einem solchen Manne hervorquillt, und das eben ist das Große der deutschen Art, ein Schaffen aus innerer Notwendigkeit heraus; nur so findet sich ein volles Wirken von Seele zu Seele. Eckhart ist auch der erste, der dem Wort Gemüt, das sonst nichts anderes als Geist bedeutete, den unterscheidenden und auszeichnenden Sinn gegeben hat, es bedeutet ihm das „Fünklein der Seele“, wo sie ganz bei sich selber ist.

Diese Innerlichkeit der Religion ist dann in die Neuzeit geführt und hier kräftig weiterentwickelt worden. Wie wir uns zum dogmatischen Gehalt der Reformation stellen, das ist eine Frage für sich, hier mögen die Ansichten auseinandergehen. Aber wir alle werden einig sein in der

Anerkennung der menschlichen Größe der Reformation, entsprang sie doch dem Verlangen, die Seele des Menschen zu retten durch die stärkere Entfaltung eines unmittelbaren Verhältnisses zu Gott und dabei den Menschen auf sein eigenes Gewissen, auf seine Persönlichkeit zu stellen. Von da aus ergab sich bei tiefer Demut des Herzens eine trotzige Selbstgewißheit der Überzeugung. Einem Luther wurde eingewandt, er ärgere die Menschen durch sein Auftreten, er errege Anstoß mit seiner Erschütterung der altgeheiligten[12] Ordnung. Seine Antwort war: „Ärgernis hin, Ärgernis her, Not bricht Eisen und kennt kein Ärgernis. Ich soll der schwachen Gewissen schonen, sofern es ohne Gefahr meiner Seele geschehen kann. Wo nicht, so soll ich meiner Seele raten, es ärgere sich dann die ganze oder halbe Welt.“ Dies Sichstellen auf sein Gewissen und seine Persönlichkeit, wenn es sein muß, gegen die ganze Welt, das ist echt deutsch. Diese Gesinnung aber, dieser moralische Ernst, diese ganze Denkweise beschränkt sich nicht auf die protestantischen Kirchen, auch der deutsche Katholizismus hat eine weit größere Innerlichkeit als der Katholizismus der romanischen Völker. Mir hat einmal ein angesehener dänischer Theologe den Unterschied zwischen einem Gottesdienst in Notre-Dame in Paris und im Dom zu Köln mit lebhaften Farben geschildert. Dort viel Schaugepränge ohne Teilnahme des Herzens, hier eine tiefe Ergriffenheit der Gläubigen. Auch das sei hinzugefügt, daß diese deutsche Innerlichkeit sich auch im Judentum zeigt. Denn es ist der deutsche Denker Mendelssohn, der diese Religion mit der neueren Kultur in enge Beziehung gebracht und sie dadurch wesentlich gefördert hat. Dies Verlangen, die Religion von innen heraus zu begründen, hat uns auch zum Volk der Religionsphilosophie gemacht. Wir ertragen es nicht, die Religion so hinzunehmen, wie sie uns von außen zugeführt wird, wir müssen sie vor unserem Bewußtsein, unserem Gewissen rechtfertigen, wir wollen sie auch wissenschaftlich begründet haben. So unternahmen es Männer wie Kant, Schleiermacher, Hegel, sie alle Größen ersten Ranges.

In der Neuzeit aber erstreckt sich das Wirken der Innerlichkeit bei den Deutschen weit über die Religion hinaus auf alle Lebensgebiete. Die deutsche Philosophie ist wesentlich verschieden von allen anderen Philosophien, sie ist nicht ein bloßes Sichorientieren[13] über eine gegebene Welt, sondern ein kühner Versuch, die Welt von innen heraus zu verstehen, sie bildet große Gedankenmassen, gewaltige

Systeme, und unternimmt von ihnen aus, die sichtbare Welt zu beleuchten, ja sie in eine unsichtbare umzusetzen. So ein Leibniz, ein Kant, ein Hegel, und noch manche andere wären zu nennen; entfalteten wir doch auf diesem Gebiet eine erstaunliche Fruchtbarkeit. Durch alle Mannigfaltigkeit der Leistungen aber ging ein Ringen der Seele mit dem All, ein Ergießen der Seele in die Wirklichkeit, ein Ansichziehen der Dinge. Dies Streben zur Innerlichkeit gibt auch der deutschen Erziehung ihre Eigentümlichkeit und ihre überragende Größe: sie will nicht dressieren für irgendwelche praktischen Zwecke, nicht geschickt machen für gewisse Leistungen, sondern sie erfaßt den Menschen bei sich selbst und sucht seine Kräfte auszubilden, um aus ihm ein inneres Ganzes, eine selbständige Persönlichkeit und Individualität zu machen, dabei überzeugt, daß, wenn das gewonnen ist, auch alles andere sich werde gewinnen lassen. Diese Art der deutschen Erziehung ist tief in unserem Wesen begründet. Kein Volk, auch nicht die alten Griechen, hat das Kindesalter so verstanden wie das deutsche Volk. Wir sind es, welche durch Campe die Kinderliteratur aufgebracht haben und in ihr die Führung besitzen, wir bereiten das Kinderspielzeug für die ganze Welt. Das ist nur möglich, weil wir uns in die Seele des Kindes hineinzuversetzen vermögen, und dieses könnten wir nicht, wenn wir nicht in der innersten Seele selbst etwas Kindliches, Einfaches, Ursprüngliches hätten.

Dieselbe reine Innerlichkeit finden wir auch in der deutschen Kunst. Die deutsche Musik hat darin ihre unvergleichliche Größe, daß sie von innen her ganze Welten schafft, daß sie sonst verborgene Tiefen der Seele aufschließt und damit das[14] Leben weiterbildet. Es sei hier nur eines Bach und eines Beethoven gedacht. Ähnlich die deutsche Lyrik. Was kann sich auf diesem Gebiet mit einem Goethe messen, mit seinem Sehen und Fühlen der Welt von innen heraus? Wie ein Zauberer durchwandert er die Natur wie das Menschenleben, bringt alle Dinge zum Sprechen und läßt sie ihm ihre Seele enthüllen. So wird die Welt sein Eigentum und ein treuer Spiegel seiner Seele.

Demnach haben wir die merkwürdige Erscheinung – merkwürdig für den ersten Anblick –, daß unser Leben zwei verschiedenartige Bewegungen enthält, einmal das Streben nach einer Unterwerfung der sichtbaren Welt und damit die Entfaltung einer Arbeitskultur, sodann aber ein Sichversetzen in die Innerlichkeit der Seele, ein Weben und Wirken aus ihren tiefsten Gründen, das Schaffen einer Seelenkultur.

Ist das nicht ein Widerspruch und muß dieser Widerspruch nicht unser Leben ins Stocken bringen? Einmal die Richtung auf die Welt und das Verlangen, die Dinge zu unterwerfen, dann die Zurückziehung von ihnen und das Sichversenken in das Reich der Seele. Wie steht es damit? Sind wir in der Tat einem Widerspruch verfallen? Das sei aufs entschiedenste verneint. Daß wir jene beiden Seiten in uns tragen, das gibt unserem Leben eine einzigartige Größe und eine fortlaufende innere Bewegung. Diese beiden Seiten mit ihren Leistungen sind nur die Pole eines umfassenden Lebens. Wir tragen in unserer Natur die Aufgabe, eine weltumspannende Innerlichkeit zu versöhnen und auszugleichen mit tüchtiger Arbeit an der sichtbaren Welt.

Gewiß können wir nicht leugnen, daß Gefahren in dieser Doppelheit liegen. Es kann sein, daß der Zug in das Innere den Menschen zu einer eigensinnigen Absonderung führt. Daß[15] die Deutschen so viel miteinander streiten, daß sie mehr in Parteien zerfallen als andere Völker, das hängt wohl damit zusammen, daß wir uns mehr auf uns selber stellen und eigene Wege zu gehen lieben. Hier liegt die Gefahr einer Zersplitterung, auch die eines Verfallens in ein vages Gefühlsleben, eines Sichverlierens in eine abgesonderte Innerlichkeit.

Auf der anderen Seite droht die Gefahr, daß wir uns der Arbeit hingeben, ohne sie seelisch zu beleben, daß uns der Stoff überwältigt, daß wir nur aufeinanderhäufen, wie es die deutsche Gelehrsamkeit oft getan hat. So sind zwiefache Gefahren vorhanden, aber ein kräftiges Volk ist solchen Gefahren gewachsen.

Ja, wir dürfen sagen: kein Mensch und kein Volk ist wahrhaft groß, das nicht einen Gegensatz in sich trägt und diesen Gegensatz durch schaffende Arbeit überwindet. Auf seiner Höhe und auch im Kern seines Lebens hat das deutsche Volk jenen Gegensatz überwunden und dabei Leistungen hervorgebracht, die einzigartig dastehen, und auf deren Festhaltung und Fortsetzung die Zukunft der Menschheit beruht.

Fragen wir, was der deutschen Arbeit einen besonderen Charakter und eine Größe gibt. Es ist ohne Zweifel dieses, daß die Arbeit uns nicht ein bloßes Mittel für außer ihr liegende Zwecke bedeutet, sondern daß wir unsere Seele in sie hineinlegen, in der Arbeit unser Wesen entfalten. So wird sie uns wertvoll um ihrer selber willen. Daher hat auch kein Volk mit solcher Liebe und Wärme den Begriff des Berufs ausgebildet, als der Lebensarbeit, der innerlich zusammenhängenden

Lebensarbeit. Der Beruf ist uns nicht ein Mittel, um äußerlich weiterzukommen und Geld zu verdienen, sondern der Weg, unsere geistige Art zu entfalten und damit uns selber zu finden; so können wir in der Berufstätigkeit reine Freude und innere[16] Erhebung gewinnen. Wir preisen den deutschen Lehrstand. Ja, wenn man rein auf die Bezahlung sieht und auf die äußere Ehre, so ist das bescheiden genug und könnte nicht im mindesten die hingebungsvolle Arbeit, die Liebe zu ihr, die Freude an ihrem Gelingen rechtfertigen. Es ist die Versetzung in die Sache, das Einswerden mit der Sache, das den Menschen hier über alle selbstischen Beweggründe hinaushebt.

Heute bewundern wir die Heldentaten unseres Heeres, aber möglich geworden sind sie nur durch unermüdliche treue Arbeit. In dieser deutschen Arbeit, die um der Sache willen geschieht, liegt zugleich der Charakterzug der Gründlichkeit, Gewissenhaftigkeit und Sorgfalt. Wir sind überzeugt, daß in der Arbeit auch das Kleinste nicht gering zu achten ist, die Arbeit muß in sich selbst vollendet sein. Diese Treue und Größe der Arbeit ist aber nur möglich, weil hinter dieser der ganze Mensch steht, weil er sich in die Arbeit hineinlegt und in ihr sich einen eigenen Daseinskreis, einen geistigen Existenzraum schafft. Aber wie die Arbeit die Seele verlangt, so verlangt auch die Seele die Arbeit. Denn das deutsche Innenleben ist sehr eigentümlicher Art, es ist grundverschieden von dem indischen und überhaupt dem orientalischen. Es ist nicht eine Flucht in eine weltfremde Stimmung, nicht ein Sichzurückziehen von den Dingen, sondern es trägt in sich den Drang, vollauf zu gestalten, was in uns wohnt, die Tiefen herauszuarbeiten in Kunst und in Philosophie, aber auch in Erziehung und in Moral. Durch den ganzen Umkreis des Lebens wollen wir nicht eine bloße Innerlichkeit der einzelnen Seele, sondern wir verlangen eine Innenwelt, die jener allein einen Inhalt zu geben vermag. Wir wollen uns nicht in erträumte Welten verlieren, sondern wir wollen die Wirklichkeit in ein Reich der Innerlichkeit verwandeln. So strebten unsere Philosophen nach einem zusammenhängenden[17] Gedankenreiche, nach einem weltumfassenden System. So bedeutete auch die Innerlichkeit der Religion nicht ein bloßes Fliehen in fromme und weiche Gefühle, sondern es war eine Belebung und Umwandlung des ganzen Bestandes der Religion von den Tiefen der Seele her, es war ein Ringen, alles Äußere, alles Widerstrebende innerlich anzueignen und es zu einem Ganzen zu fügen. Auch unsere großen Künstler, vornehmlich unsere Musiker, haben uns nicht einzelne

Stimmungen, einzelne subjektive Regungen gebracht, sondern sie haben, wie wir schon sahen, neue Welten reichsten Inhalts eröffnet. So finden wir darin das Große des deutschen Wesens, daß jene beiden Seiten sich gegenseitig suchen und ergänzen, damit aber den Aufbau einer bei sich selbst befindlichen Welt vollziehen und zugleich unserem Leben allererst einen Inhalt und einen Selbstwert geben. Ein derartiges Beisichselbstsein des Lebens mit seiner inneren Freude erhebt uns weit über alle bloße Nützlichkeit, es macht uns auch das heutige englische Verfahren unverständlich, welches Soldaten durch Erhöhung des Lohnes zu gewinnen sucht; hat dort doch sogar eine Zeitung die Äußerung gewagt, der Soldat könne, wenn er aus dem Kriege zurückkomme, ein hübsches Sümmchen erübrigt haben. Eine solche Denkweise verachten wir, wir halten es mit Aristoteles, wenn er sagt, daß es Sache eines freien und großgesinnten Menschen sei, nicht das Nützliche, sondern das Schöne zu suchen, d. h. was an sich wertvoll ist und durch sich selbst gefällt.

Wer wegen des Erfolges arbeitet, wegen eines außer ihm liegenden Zweckes, der wird damit abhängig von Fremdem; auch kommt ein solches Leben nie zu einem Ruhen in sich selbst, sondern es drängt immer wieder über sich selbst hinaus, es ist kein volles Leben, sondern nur ein Lebenwollen, ein bloßes Haschen nach wahrhaftigem Leben. So empfinden es namentlich[18] die Inder am modernen europäischen Leben. Indem sie das englische Leben mit seinem Nützlichkeitsstreben für das europäische überhaupt halten, meinen sie, ein solches Leben sei gar kein echtes Leben, über dem Jagen nach den Mitteln und den Bedingungen des Lebens entfliehe das Leben selbst, bleibe man innerlich leer, sei man bei allen Erfolgen in tiefster Seele unbefriedigt. Aber dieses Hasten und Jagen, dies Ideal der Nützlichkeit, ist nicht das deutsche Lebensideal. Indem wir Inneres und Äußeres sich gegenseitig steigern lassen und beides zu einem Lebensganzen, einer Wirklichkeit verbinden, finden wir unser Ziel und unsere Freude im Leben selbst, befestigen wir uns im eigenen Wesen, werden wir aller bloßen Nützlichkeit überlegen.

Aus solcher Grundbeschaffenheit zieht das deutsche Schaffen und Leben eigentümliche Eigenschaften. Das Leben, das im Ringen von Seele und Welt sich uns bildet, hat zunächst den Charakter der Größe. Das ist doch etwas anderes, wenn dieses Leben sich in innere Beziehung zum Weltall setzt, dieses sich anzueignen und die Seele zu einer weltumfassenden Persönlichkeit zu gestalten sucht, als wenn der

Mensch nur im bürgerlichen Dasein diesen oder jenen Vorteil erringt oder diesen oder jenen Gewinn einheimst.

Solches Verlangen nach einem unendlichen Leben aus dem All steckt tief in unserer Natur, und es kommt auch früh schon zum Ausdruck. So sagt der erste moderne Philosoph, es war das Nikolaus von Cues (1401-1464):

> „Immer mehr und mehr erkennen zu können ohne Ende, das ist die Ähnlichkeit mit der ewigen Weisheit. Immer möchte der Mensch, was er erkennt, mehr erkennen, und was er liebt, mehr lieben, und die ganze Welt genügt ihm nicht, weil sie sein Erkenntnisverlangen nicht stillt."

[19]

Aus solcher Denkweise ist auch Goethes Faust hervorgegangen, aus solchem Streben nach Unendlichkeit findet das deutsche Leben eine unvergleichliche Größe.

Zugleich aber trägt dies Leben in einem besonderen Sinne den Charakter der Wahrhaftigkeit. Als wahrhaftig erscheint uns nur ein solches Leben und Streben, das aus der Notwendigkeit des eigenen Wesens hervorgeht und das dieses Wesen treu zum Ausdruck bringt. Unwahrhaftig ist alles, was nicht die ganze Seele hinter sich hat und dem Menschen nur äußerlich anhängt. Ein solches Streben nach innerer Wahrhaftigkeit geht durch die ganze deutsche Geschichte, auf der Höhe des Schaffens hat sich überall die Seele in das Werk hineingelegt und damit das Schaffen zu einem Kampf um ein geistiges Selbst gestaltet.

Mir sagte einmal während meines Aufenthalts in Amerika ein hochgebildeter Amerikaner, als wir miteinander über Fragen und Verwicklungen der Gegenwart sprachen: „Wenn nur das deutsche Volk wahrhaftig bleibt, dann haben wir gute Aussichten für die Zukunft der Menschheit." Er meinte mit solcher Wahrhaftigkeit eben ein solches Schaffen aus dem eigenen Wesen heraus, aus innerer Notwendigkeit, nicht eines äußeren Vorteils wegen.

Mit dieser Wahrhaftigkeit aber hängt im deutschen Leben Ursprünglichkeit und Freiheit des Schaffens eng zusammen. Bei Ursprünglichkeit und Freiheit steht das in Frage, daß wir nichts auf bloße Autorität hinnehmen, uns nichts von außen aufdrängen lassen, sondern daß wir unsere eigene Überzeugung und Erfahrung einsetzen und, wenn es sein muß, den Kampf mit aller Umgebung nicht scheuen. Das Lebenswerk der deutschen schaffenden Geister war meist ein solcher Kampf, ihr Sieg war ein Durchsetzen der eigenen Art und der inneren Notwendigkeit gegen alles, was draußen lag.

[20]

So sind Größe, Wahrhaftigkeit und Ursprünglichkeit Hauptzüge des deutschen Lebens, sie zusammen haben einen ganz eigentümlichen Idealismus deutscher Art ausgebildet. Seine Eigentümlichkeit erhellt namentlich durch eine Vergleichung mit dem indischen und dem griechischen Idealismus. Der Idealismus der Inder hat den Zug zur Innerlichkeit, die Ablösung von der sichtbaren Welt großartig ausgebildet, aber er kommt nicht zu einem neuen Schaffen von innen heraus; so erzeugt er weiche und edle Stimmungen, aber ihm fehlt die Kraft zur weltaufbauenden Tätigkeit. In ein einziges Grundgefühl, einen einzigen Grundgedanken erschöpft sich hier das ganze Leben, es wird wehrlos gegenüber der harten Welt. Es hängt damit eng zusammen, daß dies große Kulturvolk von einem fremden, es gar nicht verstehenden Volke abhängig werden konnte.

Die Griechen stehen uns hier näher, auch ihre großen Denker verschmähen die bloße Nützlichkeit, sie wollen ein Leben um des Lebens willen, sie wollen ihm bei sich selbst einen Inhalt geben und einen Wert verleihen, sie preisen die Erhebung zur Tätigkeit. Aber es bleibt ein großer Unterschied. Der griechische Idealist behandelt die Welt als gegeben, er sieht in ihr ein herrliches Kunstwerk, das schauend sich anzueignen und freudig zu genießen die Aufgabe des Menschen bildet; die Richtung darauf scheint ihn über alle Kleinheit des Alltags weit hinauszuheben. In einer solchen fertigen Welt findet aber der Mensch nichts Wesentliches zu verändern, so gibt es hier keine Geschichte, keine Hoffnung einer Umbildung und Erneuerung. Wir Deutsche dagegen verstehen die Welt als im Werden begriffen und voll harter Kämpfe, zugleich halten wir uns für berufen, an dem großen Werke der Weiterbildung mitzuwirken und alle Kraft dafür einzusetzen. Wir wollen eingreifen, bessern, fördern, wir geben damit der Geschichte eine große[21] Bedeutung. Ist demnach der Idealismus der Griechen vorwiegend künstlerischer Art, so vertreten wir Deutsche einen ethischen Idealismus. Jenen ist das Höchste die

Anschauung, uns ist das Höchste die Tat, die Tat der Persönlichkeit, die weltschaffende und weltgestaltende Tat.

Nun ist das ja ein Hauptgedanke der Neuzeit, daß wir nicht einer fertigen Welt angehören, daß die Welt um uns und in uns voller Probleme ist, und daß wir zu ihrer Lösung nach besten Kräften helfen sollen. So entspricht der deutsche Idealismus den Erfahrungen der Weltgeschichte und den Forderungen der Neuzeit, sein kräftiger und mannhafter Charakter, seine zugleich ernste und freudige Art ist der Menschheit unentbehrlich. Er ist mit seiner engen Verknüpfung von Arbeit und Seele der modernen Welt um so unentbehrlicher, als ihre Entwicklung voller Gefahren für den Gehalt und Selbstwert des Lebens ist. Im modernen Leben hat der Gedanke besondere Macht und Eindringlichkeit gewonnen, daß die Hauptsache die volle Entwicklung der Kraft, die Steigerung der Lebensenergie ins Unbegrenzte sei. In dieser Richtung ist Gewaltiges geleistet worden, sind die Individuen wie auch die Völker mehr in Fluß gebracht, wird ihnen alle Trägheit ausgetrieben, alles Schlummernde voll erweckt. Aber so groß und fruchtbar dies alles ist, es darf nicht das Ganze, das Einzige sein. Die Gefahr liegt nahe – die Weltstadt läßt sie besonders stark empfinden –, daß sich das Leben in ein ruhe- und rastloses Streben verwandelt, daß wir nur von Augenblick zu Augenblick weiter jagen und über dem Denken an die Zukunft alle wahrhaftige Gegenwart verlieren; in aller Fülle des Lebens läßt uns der unaufhörliche Wechsel der Eindrücke und Aufgaben gar nicht zu einem wahrhaftigen, in sich selbst befriedigten Leben kommen. Das ist eine große Gefahr, wir müssen ihr entgegenarbeiten,[22] wir können das aber durch eine kräftige Belebung der deutschen Art. Denn sie begnügt sich nicht mit der bloßen Kraftentwicklung, sie besteht auf einer Bildung des Wesens, auf einem beharrenden und überlegenen Sein in aller Fülle des Wirkens, sie vermag damit dem Leben eine Tiefe und einen Selbstwert zu geben. Der moderne Mensch hat bei allem Gerede von „Aktualität" viel zu wenig Gegenwart, zu sehr löst sich ihm das Leben in lauter einzelne Augenblicke auf. Goethe dagegen meinte, jeder Augenblick soll uns heilig sein, denn er sei ein Vertreter der Ewigkeit.

So im Zeitlichen ein Ewiges ergreifen ist aber nur möglich, wenn das Leben eine Tiefe hat und aus dem Getriebe der Kräfte sich eine Seelenbildung heraushebt; das aber kann bei uns Deutschen geschehen. Wir brauchen bei höchster Kraftentfaltung nicht darin aufzugehen, wir können immer dahinter ein Ganzes der Persönlichkeit behaupten und entfalten, wir können ein Ganzes des menschlichen Seins in alle Gebiete des geistigen Schaffens legen, in Philosophie und Kunst, in Religion und Moral. Was wir aber dabei erreichen, das gewinnen wir nicht bloß für uns, wir gewinnen es für die Menschheit. Die moderne Menschheit ist in großer Gefahr, in ein sinnloses Hasten hineinzugeraten und darin aufzugehen. Dem können wir Deutsche kraft unserer geistigen Art energisch entgegenwirken, wir können der Mannigfaltigkeit eine Einheit, der Bewegung eine Ruhe entgegenhalten, wir können damit den geistigen Bestand des menschlichen Lebens wahren und fördern. Mit dem allen gewinnt das deutsche Leben und Tun eine weltgeschichtliche Bedeutung. Mit gutem Grunde hat Fichte uns das Volk des Gemüts genannt. Er wollte damit nicht den Gliedern anderer Völker das Gemüt absprechen, das wäre eng und unrecht gewesen. Aber dahin[23] ging seine Behauptung, daß die Innerlichkeit bei uns Deutschen zu einer gemeinsamen, unser Schaffen beherrschenden und unsere Geschichte durchwaltenden Macht geworden ist, mehr als bei irgendwelchem anderen Volke. In diesem Sinne dürfen wir sagen, daß wir die Seele der Menschheit bilden, und daß die Vernichtung der deutschen Art die Weltgeschichte ihres tiefsten Sinnes berauben würde. So sicher wir daher überzeugt sind, daß die Weltgeschichte einen Sinn hat, so sicher dürfen wir auch überzeugt sein, daß die deutsche Art unentbehrlich ist, und daß sie sich gegen alle feindlichen Angriffe siegreich behaupten wird. Ein festes Vertrauen darauf schöpfen wir auch aus der Erwägung, daß der Besitz einer ursprünglichen und weltumfassenden Innerlichkeit eine unerschöpfliche Stärke verleiht. Wo eine solche Innerlichkeit fehlt, da bleibt die Kraft beschränkt, da wird sie abhängig von äußeren Bedingungen, so fehlt dem Leben das Große und Heldenhafte. Dürfen wir Deutsche uns aber mit den tiefsten Gründen im Zusammenhang fühlen, so können wir daraus unermeßliche Kräfte schöpfen, so können wir allem Ansturm der Welt um uns von innen her eine Welt entgegensetzen und jener gegenüber zum Siege führen.

Mögen daher zahllose Feinde sich gegen uns verbünden, mögen sie Neid und Haß, Verschlagenheit und Wildheit aufeinander häufen, wir haben die Überlegenheit innersten Wesens, und diese Überlegenheit wird uns vollauf die Kraft gewähren, allem Ansturm gewachsen zu bleiben. Stehen wir nur fest auf uns selbst, ergreifen wir den tiefsten Grund und die innerste Kraft unseres Wesens, dann wird unser Genius mit uns sein und uns zum Siege führen, dann können die Pforten der Hölle uns nicht bewältigen.

9 789356 704015

Printed at Repro India Ltd.